Visual Arts Library
Main PQ7390.A735A25
Armand, Octa/With dusk

3 2660 00027783 3

D1679145

WITH DUSK
Octavio Armand

Translated by Carol Maier

LOGBRIDGE-RHODES

Publication of *With Dusk* was made possible by a grant from the National Endowment for the Arts. Grateful acknowledgement is also extended to Bradley University for its financial support of this project, and to the editors of *Boundary 2*, *International Poetry Review*, *O.ARS*, *New Orleans Review* and *Nimrod*, in which some of the poems in this collection first appeared.

The translator wishes to thank the Illinois Arts Council for a grant which assisted in the completion of this collection.

Poems in the original Spanish copyright © 1984 by Octavio Armand. Translations copyright © 1984 by Carol Maier.

This is the first edition.

Printed in the United States of America for:

Logbridge-Rhodes, Inc.
Post Office Box 3254
Durango, Colorado 81301

CONTENTS

4 Poética num tantos / One of Many Poetics 5
6 Amaneciendo / Day Breaking 7
8 El Vaso de Rubin / Rubin's Vase 9
16 Braille para mano izquierda / Braille for Left Hand 17
18 Sueño de ciego / Blind Man's Dream 19
22 Otra poética / Another Poetics 23
24 Cómo escribir con erizo / Writing with a Sea Urchin 25
28 El disco de Festo / The Phaistos Disk 29
32 Poema con piel / Poem with Skin 33
36 Poema con anochecer / Poem with Dusk 37
38 Longmeadow / Longmeadow 39
44 Acuarela / Water Color 45
46 A buen entendedor / A Word to the Wise 47
48 *Biographical Notes*

POETICA NUM TANTOS
(Soneto)

aclaro que este ciego no v
e bien que el manco no le
da la mano a nadie que aqu
él pide limosna y es muy p

obre que es tan pobre y ta
mbién pide limosna aclaro
en fin que después de tant
os años Luis es viejo toda

vía que don Pedro no resuc
ita desde cuándo que Dios
se escribe con su D mayúsc

ula que papá y mamá sí lle
van acento todo gracias al
don de la palabra la palab

ONE OF MANY POETICS
(Sonnet)

I make it clear that the blind
cannot see well that the arml
ess shake hands with no one th
at a beggar needs money and is

poor that he is very poor and
also begs in short I make it c
lear that after so many years
Luis is still old that don Ped

ro has not come back to life s
ince God knows when that God i
s spelled with a capital G tha

t there is an accent on papá a
nd mamá all thanks to the gift
of words gift of words of wor

AMANECIENDO

En la ventana, el día será un pequeño cuad
En la ven
tana, el
día s
En la ventana, el día será un pequeño cuadro. Nogal que comienza: chorro de colores. Dice sus pájaros. Los repite, uno a uno. Todo cabe en la semilla. Agua/ ventana/ transparencia: gotas, mundos. Y en el nogal —junto al cielo— hay sólo raíz y bulla.

DAY BREAKING

At the window, day will be a small pai
At the win
dow,
day w

          At the window, day will b
          e a small painting. An o
          ak that emerges: splash o
          f color. Speaks its bird
          s. Repeats them one by o
          ne. Everything fits in t
          he seed. Water/ window/
          transparency: drops, worl
          ds. And in the oak — next
          to the sky — just roots an
          d noise.

EL VASO DE RUBIN

1
Seña, diástole.

> *During the session*
> *Take things as the come*
> *All things pass*
> Timothy Leary

El ángel juró que ya no habrá más tiempo
Pero se cierra otra puerta
Se levanta otra pared
Un mugido una mano
              Extendida en la noche
Como en largos bolsillos vacíos
Me sobrecoge
            Apretándome el corazón en la ingle

Yo soy éste ése aquél mismo que me mira
No tengas miedo
Aquí
      Yo soy sobre dos pies
Que quieren acumularse en huellas
Soy esta calle que no existe sino
                Bajo mi propio peso

Es hora de comernos cada diente
No habrá más tiempo
Pero voy dejando la espalda a pedazos
Mínimos espejos exactos a la medida de mis plantas
         mis palabras mis gestos
Voy rodeándome de mi lamentable imagen (sombra
hormiga

RUBIN'S VASE

1
Sign, diastole.

> *During the session*
> *Take things as they come*
> *All things pass*
> Timothy Leary

The angel swore there would be no more time
But another door closes
Another wall rises
A lowing   a hand
         Outstretched in the night
As in long empty pockets
Startles me
      Squeezes my heart in my groin

I am this that the very one there looking at me
Don't be afraid
I am
    Here on two feet
That want to pile up in footprints
Am this street that only exists
                  Beneath my own weight

We better eat up every tooth
There won't be more time
But I'm losing my back in pieces
Tiny mirrors exactly the size of my soles
      my words my expressions
Surrounding myself with my pitiable image (fleshless
squashed

sin carne
aplastada)
Me entierro en cuatro aullidos

Quien muere decía Villon puede decirlo todo

Heme aquí (fiscal
    amigo
    alguacil
    querida)   Heme aquí entre el rostro
Y las oscuras raíces
Del
Vidrio:

[1] 1220-1250 (*spillu*, h. 950).
Del lat. SPECULUM id. (deriv. del lat. arcaico *specere* "mirar"); *espéculo*, cultismo, 1899.
[2] Sombra de agua   árbol de agua   cara cayendo más allá de piel y tacto.

2
Contraseña, sístole.

> *En bref seront de retour sacrifices,*
> *Contrevenans seront mis à martyre:*
> *Plus ne seront moines, abbés, ne novices,*
> *Le miel sera beaucoup plus cher que cire.*
>
>   Michel de Nostredame

Hampton: diminuta
                Patria de dos vías
Abismos repetidos (40-40
autos
voces
perros)
Que cruzan y chocan
Fronteras y muros rodeados de muros y fronteras

shadow
ant)
I bury myself in four howls

The dying, said Villon, can tell everything

Here I am (prosecutor
    friend
    sheriff
    darling)   Here I am between my face
And the dark roots
of the
Glass:

[1] XIII. ME. *mirour*-OF. *mirour*...Rom. *miratorium*, f. *mirat-*, *mirare* look at, (in pre-classical L.) wonder.
[2] Shadow of water   willow of water   face falling beyond skin and touch.

2
Countersign, systole

> *En bref seront de retour sacrifices,*
> *Contrevenans seront mis à martyre:*
> *Plus ne seront moines, abbés, ne novices,*
> *Le miel sera beaucoup plus cher que cire.*
>
>   Michel de Nostredame

Hampton: tiny
         Two-way nation
A double abyss (40-40
cars
voices
dogs)
That cross and clash
Borders and walls surrounded by walls and borders

11

Hampton nace en la 83
              Renace en otro núm.
Regresa sin edad sin fecha sin tiempo
Calle sobre números. Calle de núms. ajenos
                                    A la historia
    Alacrán
        Alacrán ardiendo
                Asta de hormigas

Mientras tanto una mano mía muere en otra mano mía
El talón diestro
Sucumbe en el siniestro A la izquierda
De su izquierda
            Sol amanecido en olla
Hirviendo
        Papa inútil
¿Cuántas veces he nacido
En la 83
Al r(eco)rrerla?

Por ejemplo
Dije: Yo soy
            No tengas miedo
Sin saberlo repetía palabras del hijo del hombre
Sin saberlo
        Era El en sus palabras
Palabras que no caben en el tiempo
Palabras abiertas sobre la piel
                    Rostro forrado de lengua

Pero yo sin edad
Yo bípedo
Yo calle

Hampton is born at 83rd
                    Reborn at another no.
    Returns ageless   dateless   timeless
    Street on numbers street of nos.   indifferent
                                    To history
Hissing
          Hissing scorpions
                    Staff of ants

Meanwhile one hand dies in my other hand
My right heel
Gives up in my left To the left
Of its left
           Sun rising in a stew
Boiling
        A useless potato
How many times have I been born
Wa(l)king
On 83rd?

For example
I said: It is I
           Fear not
Not knowing that I repeated words from the son of man
Not knowing that
                It was He in those words
Words that won't fit in time
Words opened on skin
                    Face lined with tongue

But I ageless
I biped
I street

Donde alguien siente otra y otra pared alzándose
Otra
    Y otra puerta que se cierra
Yo libro abierto
        Caja repleta de amontonados dedos
        súbitos
Y ojos que miran y se miran
Me siento bien
    Bueno
Como si al fin un niño me chupara el corazón.

Where someone feels yet another wall rising
Yet
    Another door closing
I open book
        Box heaped with unexpected fingers
And eyes that look, look at each other
I feel well
    Good
As if a child were nursing at my heart.

BRAILLE PARA MANO IZQUIERDA
A Carol Maier

1
El mundo no se cierra en tus ojos: allí
naces, con el peso de un labio sobre otro.
Allí todo cabe, como en una habitación cada
vez más vacía.

No estás en tus ojos. Estás aquí,
amagando la presencia. Irresistible. Como
atrapado en una estatua.

Alguien te entierra, te olvida detrás
de la torpeza.

2
Sí, la sombra es muy astuta. La estatua
sabe mucho. Pero vuelves a tocar las paredes
y los rostros, y el calor de una taza crea
el orden.

3
A tu lado, hacer palabras. Asarlas.
Pues no te has quedado en el párpado. Estás
aquí, en las manos que ningún gitano lee.

Tócalas. Húndete, topo, entre estas
líneas; haz tu pequeño agujero; lee.

BRAILLE FOR LEFT HAND
To Carol Maier

1
The world does not close in your eyes; there
you are born, with the weight of one lip on another.
There everything fits, as in a room that grows emptier
and emptier.

You are not in your eyes. You are here,
hinting at presence. Irresistible. As if
trapped in a statue.

Someone buries you, forgets you behind
awkwardness.

2
Yes, the shadow is astute. The statue
knows a lot. But once again you touch walls,
faces; and the warmth of a cup creates
order.

3
Beside you, brewing words. Braising them.
Since you have not stayed on your eyelid. You are
here, in palms no gypsy will read.

Touch them. Tunnel between these
lines, mole; make your little space; read.

SUEÑO DE CIEGO

1
Espacio. Miro. Hay estrellas en mi sombra. Pel daño abierto. Todo el pájaro en el ala. Es la noche, dibujada por el cuerpo. Hormiguero en l lamas. Labios rodeados de luz, de fuego. Separ ación. Escucho. No dicen nada: ni palabra ni s ilencio. La boca, repleta de luciérnagas; la v oz, el brillo de una gota de sudor. Soy la boc a hablando en la mitad del cuerpo. ¿Por qué bo rran la piel donde escribo y vuelvo a escribir un nombre temblando? Movimiento. Toco. Transpi ración, transparencia. Sol frío, sal o espejo en el mentón. El cuerpo es distancia; aquí es allá. Y repito tu nombre como semillas en la m ano. Espacio. Separación. Movimiento.

Déjame tocarte la cara.

2
El espacio miente. El tiempo miente. Cierro lo s ojos aunque ya estaban cerrados. Duermo aunq ue ya estaba dormido. Y veo otra vez lo que ve ía. ¿Qué es lo que veo? Veo: velo: aproximacio nes, tanteos hacia un mundo que es distancia. Sólo distancia: límite en expansión. Fijeza el ástica. ¿Qué ojo, pues, se abre en mi ojo cuan do despierto? ¿Qué boca se abre en mi boca cua ndo repito las mentiras del silencio? Vocifera voz si fuera voz afuera. Porque el espacio mie nte. El tiempo miente. Aquí estoy. Todavía no he muerto. No me han matado. No me he matado. Aquí estoy. Pero aquí es ¿Dónde?, y allá, allí, arriba, debajo, enfrente, son espacios que no existen. Que no insisten. Ver y mirar; ver, nu nca mirar; ni ver ni mirar, sino soñarlo todo.

BLIND MAN'S DREAM

1

Space. I look. There are stars on my shadow. An open stair. The whole bird on the wing. It is night, drawn by my body. An ant-hill in flames. Lips surrounded by light, fire. Separation. I listen. They say nothing: neither words nor silence. My mouth, full of fireflies; my voice, the sparkle in a drop of sweat. I am the mouth speaking in the middle of my body. Why do they erase the skin where, trembling, I write and rewrite a name? Movement. I touch. Transpiration, transparency. A cold sun, salt or mirror on my chin. Bodies are distance; here is there. I repeat your name like seeds in my hand. Space. Separation. Movement.

Let me touch your face.

2

Space lies. Time lies. I close my eyes although they were already closed. I sleep although I was already asleep. I see again what I was seeing. What do I see? Gaze: gauze: approximations, feelers toward a world that is distance. Only distance: an expanding limit. Elastic firmness. What eye, then, opens in my eye as I waken? What mouth opens in my mouth as I repeat the lies of silence? A roar resounds within as if roaring without. Because space lies. Time lies. I am here. I have not died yet. They have not killed me. I have not killed myself. Here I am. But where is here? And there, over there, up, under, in front are spaces that do not exist. Do not insist. Seeing and looking: seeing never looking; neither seeing

Conozco a la noche mejor que la palma de mi ma
no. Porque es siempre muy tarde en este cuerp
o. Oscuro. Y un erizo. Las púas, todas, hacia
el origen.

Mi padre.—Una joven blanca. Rubia. De ojos
azules. De muy buen corazón.
El ciego.—De lo que me has dicho de ella s
ólo he podido ver el corazón.

3
O escarnecido por una memoria insaciable y cha
pucera, demasiado humana; o alentado por una i
maginación absolutamente inútil. O espejos o t
ransparencias. Caza y casa. Espacio: es pacto
es sólo tacto. Tu pesadilla, el vértigo: no en
contrarte; mi pesadilla: esta quietud: encontr
arme siempre en el mismo lugar: ¿aquí? Ningún
lado y todas partes. Ver y mirar; ver, nunca m
irar; ni ver ni mirar. Pero soñar siempre: si
no te toco existes, porque eres mi propia pie
l; si no te oigo existes, porque siento tus la
bios recorriéndome; y si no te veo también exi
stes, pues necesito presentir tu existencia. T
ú estás ahí. Mirándome tal vez o tal vez dormi
da, viéndome contra el párpado. Sin tu mirada
no podría dar un paso.

Amanece. Oigo un pájaro cantando, el primero.
Oscuro todavía. Pero ya no es el roce de hoja
contra viento. Es un pájaro, luego dos, tres,
tantos, que vuelvo a oír un solo pájaro cantan
do. Y no es posible mentir al primer gorrión d
e cien alas, al grisáceo verdor que casi asom
a, cubierto de agua, de olor, ni a las ventana
s y ladrillos de enfrente, insinuados — más lí
nea que color — por una luz que todavía no ll
ega al suelo. No es posible mentir ahora. Aunq
ue el tiempo pase.

nor looking, but dreaming everything. I know night better than the palm of my hand. Because it is always late in this body. Dark. And a sea urchin. Its spines, all of them, toward their source.

My father: "A young woman. Fair. Blond. With a big heart.
Blind man: "From what you've told me, I have only been able to see her heart.

3
Either ridiculed by an all-too-human, insatiable, bungling memory, or encouraged by a thoroughly useless imagination. Either mirrors or transparencies. Hunt and home. Place: a pact, only a pat. Your nightmare, dizziness: not finding yourself; my nightmare: this stillness: always finding myself in the same place: here? Nowhere and all over. Seeing and looking. But always dreaming: you exist if I do not touch you, because you are my own skin; you exist if I do not hear you, because I feel your lips traversing me; and you also exist if I do not see you, since I need to sense your existence. You are there. Looking at me perhaps or perhaps asleep, seeing me against your eyelid. I could not take a step without your sight.

Dawn. I hear a bird singing, the first. Still dark. But it is no longer the rustle of leaves against the wind. It is a bird, then two, three, so many that once again there is just one bird singing. And I cannot lie to that first hundred-winged sparrow, to the greyish greenness that is almost here, covered with water, with scent, nor to the windows and bricks out front, suggested — more line than color — by a light that has not yet reached the ground. I cannot lie now. Even though time passes.

OTRA POETICA

El ojo que mira,
¿qué mira?
La palabra que dice,
¿qué dice?
¿Adiós a dios?

Me baño en un espejo:
el cuerpo es un color
y la distancia otro.

Con letras negras:
hojas verdes.
Con letras negras:
labios rojos
como los tuyos.

Me escondo en tu respiración.
Afilo un cernícalo
hasta que vuela
y quemo la página que lees
con tus ojos que también quemo,
tus ojos negros como letras.

Tú y yo
beberemos juntos
largos sorbos
de un agua más cristalina
que la ausencia.
En una línea final serpenteante
un agua seca que sacia y no sacia.

2 de marzo de 1982

ANOTHER POETICS

The eye that sees,
sees what?
The word that tells,
tells what?
Beliefs belie?

I bathe in a mirror:
my body is one color
and distance another.

With black letters:
green leaves.
With black letters:
lips red
like yours.

I hide in your breathing.
I sharpen a hawk
until it soars
and I burn the page you read
with your eyes, which I also burn,
your eyes black as letters.

You and I
will drink together
long sips
of water more crystalline
than absence.
On a final winding line
dry water for a lingering thirst.

CÓMO ESCRIBIR CON ERIZO

Aquí fue el reflexionar de Eustaquio sobre su mala suerte; aquí el maldecir del fatal favor que el prestidigitador le había hecho distrayendo uno de sus miembros a la natural autoridad de su cabeza, lo cual daba origen a toda clase de desórdenes que forzosamente tenían que sucederle.

Gérard de Nerval

1

Censura y autocensura borran el discurso antes o después de la enunciación, borran el texto antes o después de la escritura. Pueden, también, ser desplazamientos simultanéos en la linealidad: efectos en la causa. El orden es la orden. Lo dicho se reduce a lo que se iba a decir y lo que se iba a decir se reduce a lo indecible: una mudez como de objeto que no obstante y por ello mismo permite comprobar la materialidad del discurso. La lengua como algo que se abría ante la posibilidad de decir y decirse queda entonces cerrada pero mejor definida, como mar ya contra la orilla. Poder e impotencia, así, confabulan una escritura trazada exactamente sobre otra escritura, solo que *exactamente al revés*. Esos mismos signos, esa misma línea, pero también anulados. La negación, aquí, como un espejo pegado a los ojos. Ni ceguera ni falta de formas: exactitud de la mirada y lo mirado donde desaparecen la mirada y lo mirado. El ojo como tautología. En esa negación el ojo es una totalidad retesada por su propio impulso, pues no le falta mirada sino que la lanza reteniéndola. La mirada es el párpado y el párpado es lo que no se puede ver cuando está, como el espejo, en la mirada.

Entonces ¿qué significa? Lo que quiere decir. ¿Qué quiere decir? Lo que no dice. ¿Qué no dice? Lo que ha dicho. La negación se da como *estricta redundancia* y la censura enaltece al discurso tanto como el diccionario a los vocablos, solo que definiendo por tachaduras. El dic-

WRITING WITH A SEA URCHIN

It was here that Eustace reflected on his bad luck; here that he cursed the fatal favor done him by the magician, which freed one of his limbs from the natural authority of his head and gave rise to all manner of inevitable disruptions.

Gerard de Nerval

1

Censorship and self-censorship erase speech before or after enunciation, erase the text before or after writing. They can also be simultaneous displacements in linearity: effects in the cause. Order is the order. What is said amounts to what was going to be said and what was going to be said amounts to the unspeakable: muteness as from an object which, nevertheless, and indeed because of that muteness, lets us prove the materiality of speech. The tongue, which opened at the possibility of speaking and being spoken, remains closed then although more defined, like sea lapping against shore. In the same way, power and impotence plot one writing traced exactly over another writing, but *exactly reversed*. Those same signs, that same line, but also revoked. Negation, here, like a mirror stuck to the eyes. Neither blindness nor absence of forms: exactness of seeing and being seen where what is seeing and what is seen disappear. The eye as tautology. In that negation the eye is a totality stretched by its own impulse, since it does not lack vision but casts a glance by retaining it. Vision is the eyelid and the eyelid is what you cannot see, when, like the mirror, it is part of your glance.

Then what does this mean? Whatever it is trying to say. What is it trying to say? What it doesn't say. What doesn't it say? What it has said. Negation occurs as *strict redundancy* and censorship exalts speech much as the dictionary exalts words, except it defines by erasure: the dictionary points out; censorship hollows out, but what

cionario da relieve; la censura ahueca, pero permanece latente, como ausencia de hueco, lo censurado. La indecible es lo que falta en lo que se iba a decir y lo que se iba a decir es lo que falta en lo dicho, que es nada.

2

Pero la imagen de una mano empuñando un erizo sugiere la derrota de la escritura como disponibilidad. El sentido, aquí, es lo sentido y lo sentido se agota exclusivamente en la mano, como tortura de la materia que se desplomaba para extenderse. En la palma de la mano, donde ya había un lenguaje, se inscriben otros signos: la mano es lo manchado, no la página. Perforada/ herida: la mano resume lo que tenía que decir: es lo que tenía que decir. Otra tautología, pero como apogeo de aquello que impulsa a decir, de todo aquello que inclina hacia la expresión. Y la expresión, en sí, en este caso, ¿qué rasgos deja? ¿Qué huellas hay de la vulnerabilidad ya asumida sátanicamente? Con el erizo la mano traza simultáneamente un mismo signo y una pululación de signos que debiendo ser un solo signo repetido no aciertan a afirmar su identidad sino en la dispersión, en el desparpajo. Un signo o quizá ninguno rodeado/ repetido por garabatos/ asomos/ indicios de *una escritura que se va de las manos*. Vaciar el signo rebasándolo. Lo indecible, aquí, es lo que se dice sin que nada lo diga. Es el signo que prescinde de su propia significación al asumir su autonomía. La línea borrada por la censura borrada aquí también: no como ausencia de hueco sino como la caída de un hueco en otro hueco. Se trata de un *exceso insuficiente*. Pero el dolor de la mano que ha escrito es el dolor de la mano que iba a escribir y los signos trazados por las púas son espejos confrontados. Además, queda el erizo. Y no se ha aclarado si estaba o no estaba vivo ese erizo; si la mano, al mover las púas, movía *lo que se movía*, escribía *lo que se escribía*.

was censored remains latent, like the absence of hollowness. The unspeakable is what's missing from what was going to be said and what was going to be said is what's missing from what is said, which is nothing.

2

But the image of a hand clutching a sea urchin suggests the defeat of writing as availability. Sense, here, is sensed and what is sensed is spent in the hand itself, like torturing matter that collapsed in order to spread. In the palm of the hand, where there was already one language, other signs are inscribed: the hand is stained, not the page. Perforated, wounded: the hand summarizes what had to be said: it is what had to be said. Another tautology, but as the apogee of that which strains to speak, of everything inclined toward expression. And in this case what traces are left by expression itself? What tracks of a vulnerability now assumed satanically? With the sea urchin the hand traces simultaneously one and the same sign and a multiplicity of signs, which, having to be one single repeated sign, only manage to affirm their identity in dispersion, disorder. One sign or perhaps none surrounded/ repeated by scribbling/ hints/ suggestions of *writing that slips through your fingers.* Empty the sign by overflowing it. The unspeakable, here, is what is said without saying. It is the sign that abandons its own meaning as it assumes autonomy. The line erased by the center is also erased here: not as the absence of emptiness but as the fall of a hole in a vacuum. A question of *insufficient excess.* But the pain of the hand and the signs traced by the hands are mirrors confronted. Besides, there is the sea urchin. And it has not been made clear whether that sea urchin was alive; if, as it moved the spines, the hand moved *something that was moving,* wrote *something that was writing itself.*

EL DISCO DE FESTO
(Guión)

1/7
Plenitud, o el tacto separando cosas.
Polvo, o la flor que crece en el polvo.
Vida, o vida destruyendo vida.

2/6
La madre entera muere, como arena. Di
sciplina: expirar/ espiral escrita ha
cia el centro. Hijo póstumo: es pira
l/ es cri(a)tura.

3/5
En la calle, el viento inventaba mis
cuerpos.
Rostro que comienza, manos insinuadas
por amor o crimen.

4
Gabriele, Nancy, Celeste. ¿Cómo se ll
ama Gabriele? ¿Nancy? ¿Celeste?

5/3
Manhattan. Veo dos caballos, niños: u
n coche. Y la muchacha que decía su n
ombre desde el párpado: dos ojos.

6/2
En los huesos del antepasado, inscrip
ciones, oráculos. El cadáver es útil,
es futuro: escritura.

THE PHAISTOS DISK
(Script)

1/7
Plenitude, or touch separating things.
Dust, or the flower that grows in the dust.
Life, or life destroying life.

2/6
The whole mother dies, like sand. Dis cipline: expiring/ a spiralling inscr ibed toward the center. A posthumous child: ~~a spiralling inscribed~~.

3/5
On the street, the wind was shaping my bodies.
The beginning of a face, hands suggest ed by love or crime.

4
Gabriele, Nancy, Celeste. What's Gabr iele's name? Nancy? Celeste?

5/3
Manhattan. I see two horses, childre n: a carriage. And the girl who spoke her name from an eyelid: two eyes.

6/2
In the bones of an ancestor, inscrip tions, oracles. The corpse is useful, future: scripture.

7/1
Muchacha que comienza, o desde el tacto.
Piral, o los huesos que destruyo.
Inventando cuerpo, plenitud de arena o disciplina.

7/1
The beginning of a girl, or from touch. A pall, or the bones I destroy. Shaping body, plenitude of sand or discipline.

POEMA CON PIEL

1

Comparte el temor. Repite con un labio lo que calla el otro.
Comienza a levantar la carne una vez más.
Tócate. El sudor es nuevo y la materia no llora.
La ingle no llora, la axila no llora, ese pie con que huyes jamás llorará.
Una vez, muy niño, inventaste un castillo inacabable contra el mar. ¿Recuerdas?
Eres ese castillo, eres ese mar. Todavía.

2

Repite con un labio al otro. Di tu alegría ahora mismo como si vivieras sólo en la punta de la lengua.
Di dolor o ceniza, lo que duele y lo que duele porque ya no quema.
Di la memoria temblando como siempre en las raíces o la piel que deseas y no tocas.
Di la crueldad del obsceno tonsurado y este pánico de macho a medias que denominas conciencia, conciencia, conciencia.
Y entonces canta. Suelta las alas amarradas en saliva. Porque a veces no estás solo en tu cuerpo.
Y tu cuerpo te gusta y es bueno como dios en medio del placer y el crimen.

POEM WITH SKIN

1

Share fear. Repeat with one lip what the other keeps.
Start to pick up your flesh one more time.
Touch yourself. Sweat is new and matter will not cry.
Your groin won't cry, your armpit won't cry, that foot for fleeing will never cry.
Once, when you were very young, you built an endless castle against the sea. Remember?
You are that castle, that sea. Still.

2

Repeat one lip with another. Speak your happiness right now as if you lived alone on the tip of your tongue.
Speak pain or ash, what hurts and what hurts because it no longer burns.
Speak memory trembling like always in the roots or skin you want but don't touch.
Speak the cruelty of the obscene monk and this panic, this lukewarm macho you call conscience, conscience, conscience.
And sing then. Loosen those wings stuck in saliva. Because sometimes you are not alone in your body.
And your body pleases you and is good as god in the midst of pleasure and crime.

3

No hay llanto en tu boca. Pero existe.
Aunque no duela, aunque queme y no que
me existe.
Para vivir la historia en la inconsecu
encia del día.
Para reducir al tacto las fronteras qu
e berrean.
Y en el tacto, en su dolorosa plenitud,
vivir la piel con furia, júbilo.
La piel de milagrosos o vergonzosos de
talles es tuya.
Tuya día lunes seguido de día jueves.
Tuya este sábado de tres o cuatro días.
Tu boca existe para esta gozosa acepta
ción: la superficie estrictamente como
superficie: Amada en el Amado, terror
al territorio convertido en terror de
territorio.
Bienaventurada la piel, madre de dios.
La piel es infinita. El futuro está en
tu mano. El presente está en tu mano.
Tu mano conoce ese pasado importuno qu
e no cabe en la memoria. Tu mano sabe,
tu piel piensa.
Abrela, toca, y el mundo será tuyo o e
l mundo serás tú.

3

There is no weeping in your mouth. But it exists.

In order to live history through the insignificance of each day.

In order to reduce bellowing borders to touch.

And in touch, in its painful abundance, to live skin furiously, jubilantly. This skin of miraculous or shameful details is yours.

Yours, Monday followed by Thursday. Yours this Saturday of three or four days. Your mouth exists for this joyful acceptance: surface strictly as surface: beloved to lover, terror of territory to terror from territory.

Blessed skin, mother of god. Skin is infinite. The future is in your hand. The present is in your hand. Your hand knows the nagging past that will not fit in memory. Your hand knows, your skin thinks.

Open it, touch, and the world will be yours, or you.

POEMA CON ANOCHECER

Viento, sólo viento
en la fácil corteza del olmo.
La pequeña pregunta de los pájaros
— quietos, redondos —
es una semilla, hoja entre hojas.
Quedan pocos colores: uno, ninguno.
Falta el tamaño de las cosas.
Miro más, veo menos. Los ojos sobran.
La ventana, abierta, no pertenece.
Sobra la distancia, falta,
apretada en la noche del pulmón.

Basta ver, o mirar.
Es viento mi cuerpo borrado,
el nombre disperso,
la respiración que crece.
Viento, sólo viento.

Miro menos, veo más. Los ojos sobran.

Swarthmore, 22 de marzo 1978

POEM WITH DUSK

Wind, just wind
in the elm's pliant bark.
The quiet question of the birds
— which are small, round —
is a seed, leaf among leaves.

There are few colors now: one, none.
Things lack size.
I look more, see less. My eyes are teeming.
The window, open, is out of place.
Caught in the night of a lung,
distance teems, is lacking.

Seeing is enough, or looking.
Wind is my erased body,
my scattered name,
my expanding breath.
Wind, just wind.

I look less, see more. My eyes are teeming.

LONGMEADOW

A Georges Guy

Destino,
dios
comido
por gusanos,
ángeles
que regresan
a la muerte
         apretándose
la ingle,
pidiendo carne
con la carne,
tocándose.

Montañas azules,
verdes
       árboles
blancos, rojos, amarillos.
Un camino
que se pierde.
Cada gorrión
traza una línea;
cada línea
es un poco de viento.
Total: todo.
Total: nada.
La distancia
es tan
      exacta
como mi piel.

LONGMEADOW

To Georges Guy

Destiny,
god
eaten
by worms,
angels
who return
to death
      clutching
their groins,
asking flesh
for flesh,
touching themselves.

Blue mountains,
green
      trees
of white, red, yellow.
A road
that disappears.
Each sparrow
traces a line;
each line
is a bit of wind.
In a word: everything.
In a word: nothing.
Distance
is as
    precise
as my skin.

Camino,
reúno
en la mirada
los colores,
todas las formas,
todas las manchas.
Y el graznido
de un cuervo
        es negro,
es mi sombra,
me hace falta.

Estoy desnudo,
        todo
me hace falta.
Pido carne
con la carne.
Subo hasta mi sombra.

Total: todo.
Salto
en un borrón
de alas
       y me vuelvo
a perder.
Crezco
       tejido
en el tiempo.
Piedras
       y más
piedras:
las muchachas
miran
       y no
se atreven a mirar.

I walk,
in my glance
gather
colors,
all the forms,
all the splotches.
The caw
of a crow
        is black,
is my shadow,
is necessary.

I'm naked,
        everything
is necessary.
I ask flesh
for flesh.
I rise toward my shadow.

In a word: everything.
I bound
into a blur
of wings
        and lose myself
again.
I grow
        woven
in time.
Stones
        and more
stones:
girls
look
        and
dare not look.

Total: nada.
Soy un espejo
y las pisadas
          me borran.
Llaman
y soy un perfil
          sin nombre.
Un nombre
          sin sentido.
Una sombra
          altísima.

Soy yo,
      soy
yo,
lo niego.

Bennington, 10 de septiembre 1978

In a word: nothing.
I am a mirror
and footsteps
     erase me.
They call
and I am a nameless
      profile.
A meaningless
    name.
A very tall
   shadow.

It's me,
  it's
me,
I deny it.

ACUARELA

Not one of them was capable of lying

                            W.H.A.

Brilla un pedazo de mar.
En el pico amarillo,
el pez azulado
es una estrella negra.
Sólo está vivo
en su herida,
        como
los convalecientes de Auden.
Se retuerce,
        rasa la cometa
de un niño quemado, palpita.

El instinto sondeante,
su agonía,
la profundidad ahora
tan difícil,
        más pesada,
¿qué dicen?
        ¿qué grita
esa altísima línea contra el cielo?

Amagansett, 15 de junio 1978

WATER COLOR

Not one of them was capable of lying
                                W.H.A.

A resplendent piece of sea.
In the yellow beak
the bluefish
is a black star.
Alive only
in its wound,
            like
Auden's convalescents.
It writhes,
            grazes the kite
of a sunburned boy, throbs.

The sounding instinct,
its agony,
the depth now
so difficult,
            heavier,
what are they saying?
            what is the scream
of that distant line against the sky?

A BUEN ENTENDEDOR, POCAS PALABRAS
(Parábola)

En el medio del camino había una piedra
Carlos Drummond de Andrade

Si en tus caminatas has movido algunas piedras
y sin saber por qué
te ha gustado más tu propia sangre
o el crimen de llevarla a solas a todas partes,
a la cama de un animal sin nombre, por ejemplo,
a su cuerpo tendido a gritos bajo el tuyo,
al altar donde un dios moribundo
te daba a beber su sangre
y tú le mordías las venas,
la herida encallecida por los siglos;
si en los huecos del camino
sabes que aún pesa aquella piedrezuela filosofal
que un día apretaste contra el cielo,
contra tu padre, contra un pájaro,
contra tu propia sangre despedazada, negra;
si eres quien tú sabes,
lee esta pequeña historia:

Alguien dejó unas palabras para ti.
Se gastaron esperándote. Aquí están.
El tiempo las ha borrado.
Yo también.

Bennington, 17 de diciembre 1978

A WORD TO THE WISE
(Parable)

In the middle of the road there was a stone
Carlos Drummond de Andrade

If on your walks you have moved some stones
and without knowing why
you've liked your own blood better
or the crime of carrying it alone everywhere,
to the bed of a nameless animal, for example,
to its body spread screaming beneath yours,
to the altar where a dying god
let you drink his blood
and you nibbled his veins,
the wound calloused by centuries;
if in the hollow of the road
you still hold the weight of that philosophers' pebble
you once clenched against the sky,
against your father, against a bird,
against your own dark blood broken to bits;
if you are who you know,
read this little story:

Someone left you some words.
They wore out waiting for you. Here they are.
Time has erased them.
So have I.

CONTRIBUTORS

OCTAVIO ARMAND was born in Cuba on May 10, 1946, into a family twice exiled: once, in 1958, under Batista, and subsequently under Castro in 1960. Armand has lived in New York City through this second exile. The prolific output of poems and essays which has afforded him a warm critical reception throughout Latin America began in 1970 with the publication of *Horizonte no es siempre lejanía*. This collection was followed by five others in verse, most recently *Cómo escribir con erizo* (1979) and Biografía para feacios (1980), and by three books of essays: *Superficies* (1980), *Hacer la tradición* (1984), and *El bisonte de Niaux* (1984). The critic Juan Antonio Vasco has recently published the first book-length study of Armand's work, entitled *Conversación con la esfinge*. Armand is founder and editor of the Spanish-language literary journal *escandalar*, and has also edited an anthology of Latin American poetry, published in 1982 by Logbridge-Rhodes under the title *Toward An Image of Latin American Poetry*. The present collection, *With Dusk*, is Armand's first book in English translation.

CAROL MAIER is an Associate Professor of Spanish at Bradley University. Her translations of Octavio Armand's poems have appeared in a number of journals, among them *Review*, *Boundary 2*, *Nimrod*, *International Poetry Review* and the *New Orleans Review*, as well as in the 1981 and 1983 editions of the *Anthology of Magazine Verse and Yearbook of American Poetry*. Maier has also translated a chapbook of poems by the Chicana poet Ana Castillo (Cross Cultural Communications, 1984), and is currently translating Octavio Armand's selected essays.